AF338075

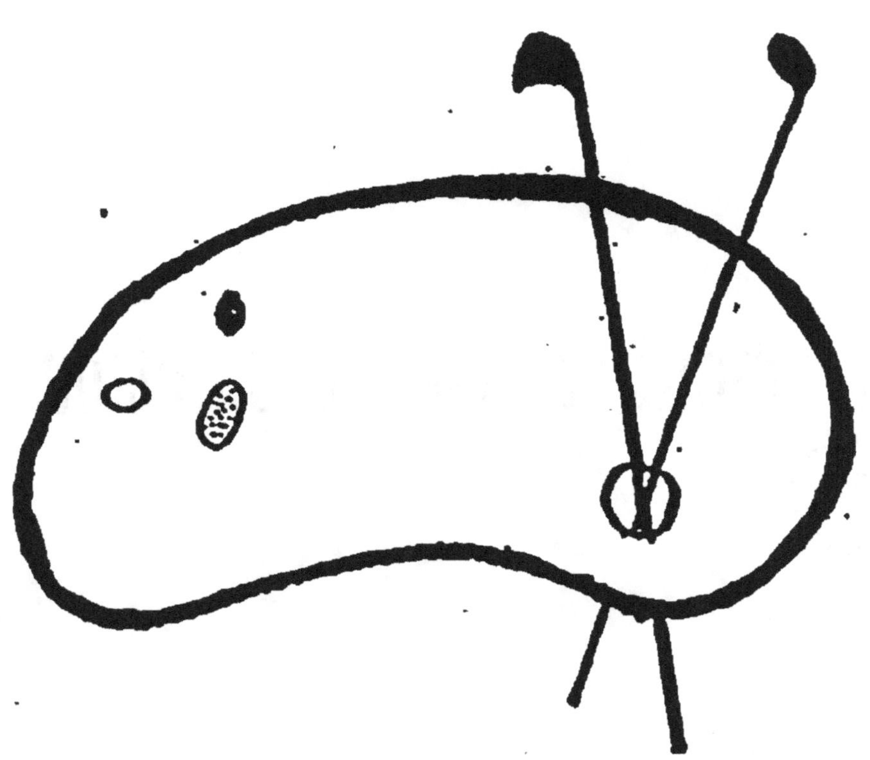

DEBUT D'UNE SERIE DE DOCUMENTS
EN COULEUR

JULES LEMAITRE
de l'Académie Française.

Co ment passer à l'action

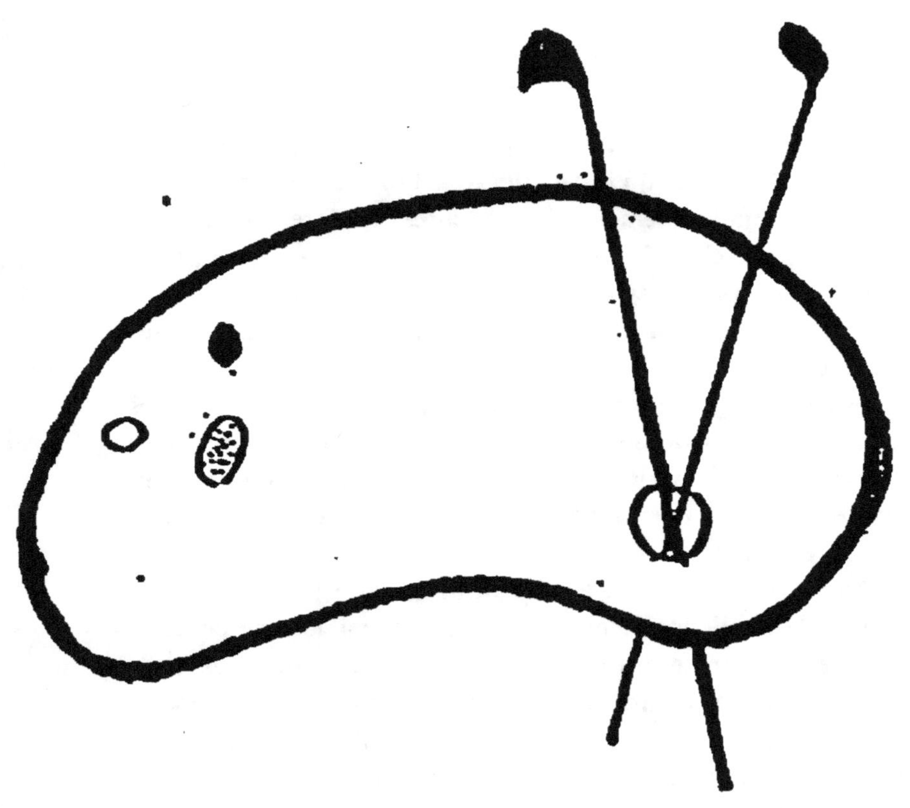

FIN D'UNE SERIE DE DOCUMENTS
EN COULEUR

Comment passer à l'action

On me dit que beaucoup de « femmes du monde » sont animées, à l'heure qu'il est, de très bons sentiments. Elles écoutent infatigablement de savantes conférences sur les questions sociales. Il me semble que, si j'étais admis à parler devant ces dames oisives et riches, je leur dirais :

— Permettez-moi d'abord, Mesdames, de prendre mes sûretés.

Je suppose que je n'ai pour auditrices que des femmes très bonnes, très sérieuses, très peu enclines à l'ironie, très éloignées des dispositions qu'on apporte à une réunion mondaine. Je ne chercherai pas à briller, et vous ne chercherez pas à vous divertir.

Autre chose encore. Je vous dirai ce que je crois le plus utile et le meilleur. Il s'ensuit que je parlerai comme pourrait le faire un homme qui serait très vertueux. Mais il est bien entendu que mes paroles vaudront mieux que moi. Lorsque je vous exhorterai à des actes héroïques, n'allez pas me dire, même tout bas : « Eh bien, commencez ! » car je vous répondrais : « Après vous, Mesdames. » J'aurai fait mon devoir d'aujourd'hui, qui est modeste, si je vous aide de mon mieux à trouver le vôtre. Voilà qui est entendu.

Vous êtes, maintenant, suffisamment pourvues de théorie, et vous vous demandez : « Comment passer à l'action ? » A la vérité, c'est là le grand problème. Oh ! que ce passage est délicat, hasardeux, difficile ! Les méchants diraient qu'il est infranchissable.

Quelle action poursuivez-vous ? Quel est votre dessein ? — En termes très simples, c'est d'établir entre les gens du peuple et vous des relations fraternelles, de leur être utiles par des moyens plus sûrs, d'un effet plus durable, que ceux des œuvres de bienfaisance, de les aider, de servir leurs vrais intérêts, de faire un peu de justice sociale.

Comment y arriver ? Je voudrais vous parler : 1° de la préparation à l'action que vous vous proposez ; et 2° de cette action elle-même.

****

Pour vous y préparer, il faut bien vous rendre compte des difficultés qu'elles comporte. Quelques-unes de ces difficultés sont hors de vous. D'autres sont en vous.

Voyons les premières :

1° Ceux que vous voulez aider, il n'est aisé ni de les atteindre, ni de les comprendre, ni de vous faire comprendre d'eux.

Il est bien vrai, que, depuis plus d'un siècle, l'égalité de tous les Français est inscrite dans nos lois, et que, en théorie, il n'y a plus de castes. Mais, en fait, s'il n'y a plus de classes politiques, il y a toujours des classes ou des compartiments sociaux. Même, ces compartiments sont peut-être devenus plus étanches ; et les riches et les pauvres sont peut-être plus profondément séparés aujourd'hui par les mœurs ou par les préjugés qu'ils ne l'étaient autrefois par les institutions.

La figure même de Paris, sans aller plus loin, en est un signe. Autrefois (et même encore il y a cinquante ans), riches et pauvres habitaient les mêmes quartiers. De délicieux hôtels s'élevaient dans les rues populeuses. Les mêmes maisons logeaient, à leurs différents étages, l'opulence et la pauvreté, pour parler la langue du temps. Les « chaises » des dames traversaient, sans qu'on s'en étonnât, des ruelles ouvrières. — Aujourd'hui, que les classes ne sont plus hiérarchisées, mais séparées, ce qui est bien différent, cette séparation est durement marquée par ce fait, qu'il y a à Paris des quartiers riches et des quartiers pauvres, presque sans communication entre eux. Si bien que, dans certains quartiers, vous ne hasardez qu'avec précaution vos voitures et vos belles robes.

De même, avant la vapeur, avant l'électricité, avant les merveilles de la mécanique, avant les grandes usines, les relations étaient directes et quotidiennes entre les ouvriers et les patrons. Le patron était visible pour le petit groupe d'ouvriers qu'il employait ; il était là ; on pouvait lui parler. Mais quelles relations peuvent avoir les cinq mille ou les dix mille ouvriers d'une mine ou d'une usine métallurgique avec le patron (quand il y en a un), avec le patron qui est le plus souvent à Paris, qui d'ailleurs ne connaît pas, ne saurait connaître chacune des têtes de son bétail humain, — et surtout avec la « Compagnie », chose abstraite et absente, — dans la réalité, groupe toujours épars d' « actionnaires », c'est-à-dire de messieurs opulents, qui n'ont même jamais vu la mine ou l'usine dont ils tirent des revenus démesurés, à plus forte raison jamais serré l'une des mains noires auxquelles ils doivent de vivre sans travail dans les raffinements du luxe ?...

Ainsi séparées, comment les classes sociales extrêmes pourraient-elles se comprendre ? — Assurément, Mesdames, vous avez eu toutes ou presque toutes des chagrins, des peines morales. Mais je me rappelle l'oraison d'un de mes amis : « Mon Dieu, épargnez-moi la souffrance physique, quant à la souffrance morale, j'en fais mon affaire. » Je ne dis pas que vous ignoriez la souffrance physique ; mais du moins vous ne connaissez que celle qui vient de la maladie. Vous ignorez le travail excessif et continu, la nourriture insuffisante, la misère. Sentez-vous l'énorme différence que cela met entre la destinée d'une femme riche et celle d'une femme pauvre ? Vous faites-vous seulement une idée exacte de ce qu'est la vie de la plupart des femmes du peuple ? Tout enfant, aussitôt rentrée de l'école (quand elle y va), le travail déjà, les commissions, les soins des petits frères — et les taloches ; à quinze ans, l'atelier ou l'usine ; si elle est dans la couture, si elle a l'honneur de faire vos robes, les dix ou douze heures de travail pour un salaire dérisoire ; les retours éreintés, très tard, par l'omnibus qui mène aux faubourgs, jusqu'au lever matinal du lendemain ; mariée et mère de plusieurs enfants, le dur labeur ininterrompu du matin au soir, ménage, humble cuisine, raccommodage ; la fatigue des membres jamais reposés ; trop souvent les brutalités d'un mari alcoolique ; la vieillesse et la laideur précoces... Par suite de tout cela, l'ensommeillement de l'esprit, une résignation de bête, ou bien des révoltes aveugles, des regards de défiance, d'envie et de haine quand un hasard met sur leur passage de belles dames comme vous...

Au fait, mettez-vous à la place de ces malheureuses. Essayez de concevoir comment vous pourriez vivre une seule de leurs journées... Et songez qu'elles ont vécu, elles, des milliers de ces journées douloureuses... Si vous les rencontriez, qu'auriez-vous à leur dire? Je n'ajouterai pas : « Qu'y a-t-il de commun entre elles et vous? » Car justement il y a, malgré tout, quelque chose de commun entre vous et elles; et c'est ce qu'il s'agit de découvrir, et c'est où il faut les amener. Mais, pour commencer, que leur direz-vous?...

Et considérez, maintenant, quelle idée — surtout dans les grandes villes et dans les centres manufacturiers — les pauvres se font et se peuvent faire des riches. Ils ne vous connaissent pas, sinon par vos fenêtres illuminées les soirs de fête, et par les files d'équipage qui sont à vos portes, — ou par les mille inégalités extérieures que vos mœurs maintiennent entre leur condition et la vôtre, et que consacrent les usages mêmes de l'Église : places payantes au saint lieu, différences d'appareil pour les baptêmes, les mariages et les enterrements. Ils ont reçu, à l'école primaire, les premières leçons de la très courte philosophie matérialiste dont ils sont capables. Ils savent, sur l'Église, sur l'histoire de France, sur la Révolution, ce que leur a enseigné l'État maçonnique. Ils ont été empoisonnés par les journaux menteurs qui enseignent le droit à la jouissance sans enseigner le devoir de l'effort, qui chaque jour attisent en eux la haine contre des ennemis imaginaires et qui, dans leur optimisme stupide et leur méconnaissance de la nature humaine, leur font croire que, ces ennemis une fois supprimés, ils seraient parfaitement heureux et jouiraient du paradis sur terre. Ils ne savent pas que les riches sont simplement faibles et pécheurs comme eux, et ont seulement autant de vices que les pauvres, ou du moins n'en ont pas beaucoup plus. Ils se les imaginent voraces, injustes, impitoyables et méchants avec préméditation. Et ils croient, dur comme fer, que les riches s'entendent avec le clergé catholique pour abrutir le peuple et le maintenir en esclavage...

Voilà, Mesdames, quelques-unes des difficultés que vous avez à surmonter pour aller à ceux que vous voulez aimer et secourir. Je crois que vous les signaler, vous inviter à méditer sur elles, c'est déjà vous mettre dans la disposition d'esprit qui vous permettra de les vaincre.

*
* *

Je vous ai dit les difficultés que vous rencontriez hors de vous.

D'autres obstacles sont en vous-mêmes.

Ces obstacles (permettez-moi un moment de parler comme un prédicateur), c'est votre vanité, votre frivolité, votre paresse, surtout votre aveuglement ou vos illusions sur vous-mêmes.

L'humilité n'est pas seulement un sentiment chrétien. C'est le plus philosophique des sentiments. Il ne fut ignoré ni d'Épictète ni de Marc-Aurèle. Il se confond avec la connaissance de soi.

Dans le fond, vous vous croyez supérieures aux pauvres de toutes façons. C'est là une grande erreur. Vous leur êtes supérieures par la propreté, par l'élégance des habits, par la politesse des manières, peut-être par l'instruction, c'est-à-dire par des qualités ou des avantages que vous ne tenez pas de vous-mêmes, mais du heureux hasard de votre destinée. — Leur êtes-vous supérieures intellectuellement ? Il faudrait voir.

Il y a des ouvriers singulièrement intelligents. On trouve encore assez souvent chez leurs femmes, quand elles ne sont pas déprimées par la misère, une remarquable vivacité d'esprit. Le peuple est, d'ailleurs, comme le grand réservoir d'où sortent la plupart des hommes de génie ou de talent qui allègent ou embellissent la vie des autres hommes.

Et enfin, moralement, valez-vous mieux que les pauvres? J'ai bien peur que non. Je sais d'ailleurs que c'est une question qui ne peut être résolue, puisque nous n'en pouvons rassembler toutes les données. Nous ne pouvons avoir là-dessus que des impressions plus ou moins justes, selon l'étendue et les hasards de l'expérience de chacun de nous. En tout cas, vous vous reconnaîtrez vous-mêmes inférieures à la femme du peuple dont je vous ai tracé la rude vie, si cette femme supporte cette vie avec courage, si la misère ne l'a pas rendue méchante.

La mesure de l'effort, en effet, est la mesure même de la valeur morale. Il y a des existences mondaines parfaitement « correctes », comme on dit, sur lesquelles « le monde » n'a rien à reprendre, et qui, en réalité, sont méprisables, ou qui, si vous voulez, sont moralement nulles, parce que l'effort sur soi, le sacrifice en sont totalement absents.

Vivre des journées uniquement composées de divertissements et d'actes futiles : toilettes interminables, séances chez la couturière, déjeuners, dîners, thés, visites, conférences dites littéraires, soirées, bals, théâtres, et toutes les variétés de réunions mondaines, réunions qui ont pour seul objet un plaisir de sensualité ou de vanité; user son temps en conversations stupides quand elles ne sont pas malfaisantes; montrer le plus possible de sa peau afin d'émouvoir les hommes (car cet usage, d'ailleurs agréable, ne peut absolument pas avoir une autre signification); refuser d'être mère, crainte de gâter sa taille ou de diminuer son train de vie, ou, si par malheur on a des enfants, s'en débarrasser entre des mains mercenaires; faire des platitudes pour être reçue ou pour être vue dans certaines maisons; dédaigner tout ce qui n'est pas de « son monde »; ne jamais faire un effort qui n'ait pour but une satisfaction personnelle, et de l'ordre le plus frivole; passer ainsi, du matin au soir, tous les jours que Dieu fait; réduire le devoir de la charité à quelque maigre somme donnée à une quêteuse, ou à quelques heures de parade et de papotage dans une boutique d'opéra-comique... Voilà la vie d'une perruche mondaine... que dis-je? Voilà la vie d'une femme du monde honnête. Cela paraît très bien; celle qui fait ainsi passe pour irréprochable : et pourtant, si vous y réfléchissez un peu, vous verrez que cela est digne de mépris, que cela décèle une petite âme bien misérable, une âme frivole et dure, sans générosité ni vertu. La vie d'une femme du monde, qui n'est que cela, mérite assurément moins d'estime que celle de la petite ouvrière laborieuse et probe et qui a un ami qu'elle va rejoindre le soir.

Je dis les choses comme elles sont. Car, mise à la place de la petite ouvrière, nous ne savons pas si la femme du monde aurait le courage de travailler, nous ne savons pas si elle serait probe; et, peut-être que, si elle n'a pas d'amant (car je ne veux parler ici que de la mondaine restée « honnête femme »), c'est qu'elle a son mari.

Pareillement, entasser des millions, s'en servir pour gagner d'autres millions à coup sûr; oublier que le droit de posséder n'est pas un droit sans limites, que la propriété n'est pas indéfiniment légitime (lisez l'Évangile et lisez les Pères); ne pas même donner la dîme, alors qu'on pourrait donner la moitié de son revenu sans cesser de vivre royalement et de satisfaire même ses plus intempérantes fantaisies; refuser d'associer à ses bénéfices, quand on le peut, les hommes dont on tire sa richesse; chicaner à de malheureuses femmes deux sous d'augmentation... Le grand financier ou le grand patron qui fait cela peut ne pas manquer à la probité vulgaire (car, encore une fois, je ne veux parler ici que des honnêtes gens); il peut même déployer des qualités d'énergie, des dons de commandement et d'organisation qui nous imposent quelque estime; mais il est clair que, moralement, il est inférieur au plus modeste de ses ouvriers, si cet ouvrier est probe et consciencieux, s'il est bon mari et bon père, s'il donne toute sa paye à la maison; si, courageux et résigné, il apprend à ses enfants la résignation et le courage, et s'il n'est pas de ceux qui, devenus par miracle patrons à leur tour, seraient les plus durs et les plus impitoyables des maîtres...

Je ne vous ai mises jusqu'ici qu'en face des bons pauvres, et il est vrai qu'ils ont trop d'avantages sur nous. Mais nous devons nous garder de juger avec rigueur même les pauvres non vertueux. Si nous avions été à leur place, soumis aux mêmes conditions de vie, mal élevés comme eux, comme eux délaissés, opprimés, souffrants, qui sait ce que nous serions devenus? — Tel archimillionnaire, énergique et sans scrupules, à qui nous serrons la main, avait en lui, si le sort l'eût condamné à la pauvreté, de quoi faire un anarchiste enragé, peut-être un assassin. — Lorsque vous apercevez, le soir, une malheureuse qui rôde au coin des rues, songez à telle de vos amies, qui est du « monde » comme vous, et qu'on salue avec respect, et qui, cependant, vous le savez, n'est pas du tout vertueuse, et qui cherche son plaisir (quelquefois sa toilette), — tandis que cette rôdeuse nocturne cherche sa vie. Elle pourrait la gagner — oui, peut-être — en cousant dix heures par jour pour trente ou quarante sous; et même elle le devrait; d'accord : mais votre amie, elle, aurait-elle le courage de coudre dix heures pour gagner quarante sous, et en vivre?...

Voilà les choses qu'il faut se dire, quand on pense aux pauvres qui ne se conduisent pas correctement. Il est trop évident que, dans leur ensemble, ils sont ce que nous serions en leur lieu. Nous sommes plus favorisés qu'eux sans l'avoir mérité le moins du monde. Nous sommes, en quelque sorte, leurs débiteurs. Il faut payer notre dette — en argent, mais surtout en sympathie active.

Si vous pensez ainsi, vous serez prêtes à l'action.

Mais quelle action, enfin?

Votre dessein, dites-vous, est de servir le peuple en vous rapprochant de lui, en le connaissant mieux, en vous en faisant connaître. Mais comment des femmes du monde prendront-elles contact avec le peuple d'une façon intelligente, permanente et méthodique?

Jusqu'à présent, chacune de vous ne s'est guère occupée que de misères spéciales. Les unes visitent les pauvres. D'autres secourent, soit de leurs deniers, soit en payant de leurs personnes, un orphelinat ou une crèche, une maternité ou un hospice. Mais, tout cela, c'est de l'aumône, ou c'est de la bienfaisance privée : ce n'est pas encore de l'assistance sociale.

Ce qu'il est nécsssaire de fonder, ce sont des œuvres d'assistance et de solidarité, d'un caractère très ample, qui soient destinées, non pas à soulager telle ou telle catégorie de misères et de souffrances, mais à améliorer la condition morale et matérielle de toute la classe ouvrière.

Oui, cela est absolument nécessaire. Je pourrais, ici, essayer de vous parler en « économiste distingué ». Je pourrais vous dire : « Prenez garde. Le moment est tragique. Les conditions actuelles de la société, la rapidité effrayante du mouvement collectiviste obligent les possédants à réfléchir, et les femmes, comme les hommes, à regarder plus loin autour d'elles, à se rendre compte de toute l'étendue de leur devoir social. Si les privilégiés ne cherchent pas à se rapprocher des misérables, le fossé ira toujours s'élargissant entre eux; et ce fossé, ce sont les riches qui y seront finalement précipités. »

Mais vous parler ainsi, ce serait vous exhorter à faire le bien par égoïsme, pour sauver votre caisse; ce serait vous proposer une sorte de police d'assurance contre la Révolution... Et puis, il ne faut pas exagérer. Le vieil ordre social, quoique menacé et branlant, durera bien autant que nous. Si les affaires des riches se gâtent décidément, ils n'auront qu'à mettre la clef sous la porte et à rejoindre leurs capitaux à l'étranger. Jusque-là, ils aiment mieux rester tranquilles, attendre et tenir serrés les cordons de leur bourse...

Mesdames, ce n'est pas à votre intérêt que je m'adresse; c'est à votre justice. Vous irez à ceux qui sont moins heureux que vous; vous tâcherez de les éclairer, de les apaiser, de leur enseigner à rendre eux-mêmes leur vie moins dure, non pour vous sauver vous-mêmes, mais pour les sauver, et pour sauver par là quelque chose de plus grand qu'eux et que vous : la patrie, la communauté française.

*
* *

Toutes les œuvres inspirées de ce sentiment sont bonnes. Ou plutôt elles valent ce que valent les personnes qui les conduisent. Je ne puis donc que vous recommander telle idée chère à plusieurs d'entre vous : création d'un centre d'études et de conférences sur toutes les questions sociales qui intéressent particulièrement les femmes.

Mais, la meilleure forme, la plus naturelle, la plus large, la plus souple de l'œuvre que vous poursuivez, il me semble bien que c'est la « maison sociale », la « maison du peuple », ouverte à tous, et où le peuple peut s'adresser pour tous ses besoins.

Voici comment je conçois, tout en gros, une maison du peuple.

D'abord, un cadre de dames résidentes, une ou plusieurs résidentes perpétuelles.

(Une grosse difficulté, c'est que les femmes mariées, sauf de rares exceptions, ne pourraient guère être résidentes, mais elles peuvent être, du moins, assidues; elles peuvent être « résidentes de jour ».)

D'un côté, viendraient se renseigner auprès de ces dames — tout en leur offrant leur concours — les hommes et les femmes de leur monde, soucieux de justice, tous ceux et toutes celles dont la bonne volonté cherche sincèrement son emploi. — De l'autre côté, viendrait dans la maison le monde du travail, hommes, femmes et enfants, pour y chercher instruction, conseil, aide, sympathie, profit — et même quelque divertissement.

Il y aurait dans la maison du peuple :

1° Une salle toujours ouverte, où l'on mettrait des livres et des journaux ; où, certains soirs, des personnes de bonne volonté feraient aux hommes des cours élémentaires d'histoire, de géographie, de littérature, d'économie politique, etc..., aux femmes, des cours d'hygiène domestique, de soins ménagers, de couture ; où, d'autres soirs, on réunirait des enfants, on installerait des jeux, on ferait des lectures, de la musique ; où l'on pourrait même jouer de petites comédies.

2° Un cabinet de consultations médicales gratuites (vous trouverez bien pour cela de jeunes médecins) ;

3° Un cabinet de consultations juridiques gratuites (vous trouverez bien pour cela de jeunes avocats) ;

4° Un bureau de placement ;

5° Un bureau de renseignements sur tout ce qui concerne les œuvres de coopération et de mutualité. Les ouvriers y apprendraient les diverses façons de s'associer utilement.

D'autre part, Mesdames, vous ne devez manquer aucune occasion d'interroger amicalement les ouvrières et employées des magasins que vous fréquentez, les jeunes filles qui vous essayent vos robes et vos chapeaux, de vous informer de leur vie, de leur dire ce que c'est que les mutualités et les syndicats, de les envoyer au bureau de renseignements de la maison sociale.

Je crois que vous feriez bien aussi de vous adresser aux institutrices communales. Il y en a qui sont d'excellentes personnes, qui connaissent bien le peuple de Paris, et qui pourraient vous donner d'utiles indications et de très bons conseils.

Je vous engage pareillement à provoquer le concours de

femmes appartenant à une condition sociale qui passe pour un peu inférieure à la vôtre, femmes de professeurs, de fonctionnaires, de commerçants... Vous trouverez là des collaboratrices intelligentes, sérieuses, dévouées. Vous pouvez profiter beaucoup dans leur fréquentation. Et je vous assure qu'à les traiter en amies, vous ne compromettrez en rien votre dignité de « mondaines ».

Enfin, bien que la maison du peuple ne soit point un bureau de bienfaisance, il est certain que bien des malheureux s'adresseraient à elle. On les dirigerait sur les œuvres spéciales, déjà existantes, auxquelles ressortirait leur cas. Mais il faudrait néanmoins un petit budget pour secours immédiats aux détresses qui ne peuvent attendre.

****

S'il y avait une de ces maisons dans chaque quartier, ce serait admirable. Mais c'est un rêve.

Cela ne dépend pas de moi ; cela dépend de vous, de vous uniquement.

Il n'y a qu'un moyen de sortir de la théorie où nous nous éternisons, et de passer à l'action : c'est d'agir, dirait M. de la Palisse. Agir comme on peut, incomplètement d'abord, et peut-être même maladroitement ; peu importe. — « Ceux qui ne font rien ne se trompent jamais », dit le proverbe. Ou plutôt, c'est toute leur vie qui est une erreur.

Il ne faut qu'une patience et une douceur à toute épreuve, une persévérance infatigable, une espérance infrangible, un complet détachement de vous-mêmes. Bref, il ne vous faut que de l'héroïsme. C'est à vous d'en avoir.

Dans les dossiers qui nous sont envoyés à l'Académie pour les prix de vertu, il y a, presque tous les ans, l'histoire d'une brave fille, ou d'une veuve, qui, un jour, a recueilli chez elle un enfant abandonné, un infirme, un vieillard, puis deux, puis trois, sans savoir où elle allait, ni où elle prendrait de quoi nourrir son monde — et qui, dix ans après, se trouve avoir fondé une œuvre merveilleuse. — Rien ne se fait que par des initiatives individuelles, un peu aveugles, et qui n'attendent pas que les autres se décident.

Les maisons sociales se feront, si vous voulez ardemment qu'elles se fassent.

*
* *

Vous savez trop le prix des âmes pour ne pas respecter leur liberté. Votre foi implique la croyance au libre arbitre, et par conséquent cette idée que nul acte ne vaut, s'il n'est libre. La « vieille chanson » est une bonne berceuse, comme dit M. Jaurès, pour la souffrance des déshérités. Mais s'ils la chantaient pour vous faire plaisir, ou pour obtenir de vous quelque faveur supplémentaire, la vieille chanson ne les consolerait point, et vous n'auriez fait qu'ajouter à leurs autres maux la honte de l'hypocrisie.

Mais, au reste, si vous n'étiez pas très scrupuleuses sur ce point, vous mettriez en défiance le peuple de Paris, et vous auriez finalement une toute autre clientèle que celle que vous cherchez et qu'il est utile d'atteindre. Et alors, à quoi bon ?...

Vous agirez moralement sur vos amis du peuple, non par des prédications, mais par des exemples, simplement en étant cordiales et bonnes. S'ils doivent découvrir quelque jour à quelle source s'alimente en vous cette bonté, il faut qu'ils ne s'en avisent que lorsqu'ils seront déjà conquis, je veux dire lorsqu'une véritable estime et une véritable affection les attacheront à vos personnes. Et alors ils ne s'en iront plus.

Enfin, vous serez très unies entre vous. Vous discuterez souvent, vous ne vous brouillerez jamais. Pascal dit : « La vanité est si ancrée dans le cœur de l'homme, qu'un marmiton, un crocheteur se vante et veut avoir ses admirateurs. Et les philosophes mêmes en veulent. Ceux qui écrivent contre la gloire veulent avoir la gloire d'avoir bien écrit, et ceux qui le lisent veulent avoir la gloire de l'avoir lu... » — De même l'amour-propre se mêle même à ce qui en paraît le plus éloigné, à l'exercice de l'amour des autres. Vous éviterez les rivalités, les jalousies, le désir de domination. Vous serez des anges, ou à peu près.

Encore une fois, l'œuvre est entre vos mains. Son existence dépend de votre valeur intérieure, de votre vertu, de votre courage. Elle vivra, si vous le voulez. Si vous ne le voulez pas, si vous n'êtes pas ce que j'espère, certes ma médiocrité morale n'aura aucun reproche à faire à la vôtre. Mais j'aurai parfaitement perdu mon temps (ce que, à vrai dire, n'est pas un très grand malheur), et il n'y aura qu'une conférence de plus, faite dans un beau salon, devant un auditoire très distingué.

Jules LEMAITRE.

Paris, 15 mai 1901.

Paris. — J. Mersch, imp., 4bis, Av. de Châtillon.

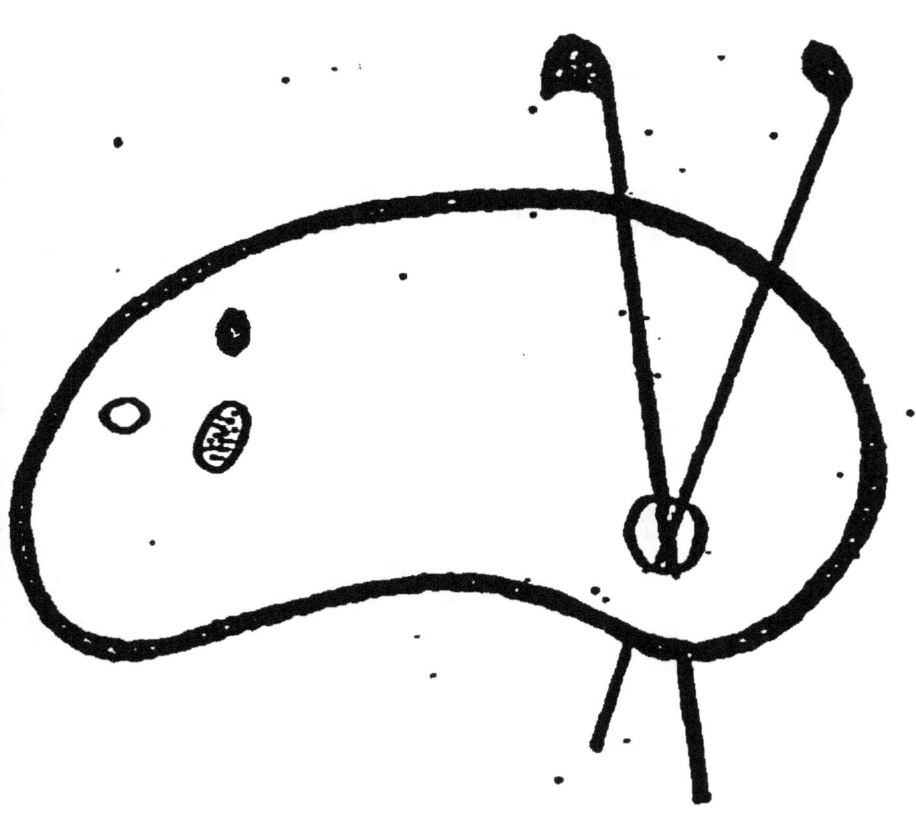

ORIGINAL EN COULEUR
NF Z 43-120-8

www.ingramcontent.com/pod-product-compliance
Lightning Source LLC
Chambersburg PA
CBHW061835060726

47597CB00008B/3507